FIRST LIGHT *İlk Işık*

FIRST LIGHT
İlk Işık

Zafer Şenocak

Translated from Turkish by
Kristin Dickinson

Zephyr Press

Cover image and book design by typeslowly
Printed in Michigan by Cushing Malloy

Zephyr Press acknowledges with gratitude the financial support of
the Massachusetts Cultural Council and The Academy of American
Poets with funds from the Amazon Literary Partnership Poetry Fund.

Zephyr Press, a non-profit arts and education 501(c)(3) organization, publishes
literary titles that foster a deeper understanding of cultures and languages.
Zephyr Press books are distributed to the trade by Consortium Book Sales
and Distribution [www.cbsd.com].

Cataloguing-in publication data is available from the Library of Congress.

ZEPHYR PRESS
www.zephyrpress.org

CONTENTS

Taş taşa / Stone to Stone

Unraveling the Self in Translation

It was inside of you, it was your voice
But it was also outside, the voice of a stranger

The opening poem of Zafer Şenocak's 2016 collection *İlk Işık (First Light)* describes a voice that comes from outside the self. Neither heard nor silent, present nor absent, this voice traverses the boundaries of the lyrical addressee as well as the poem itself. Whose voice is this? Does it emanate from a cosmic figure or an earthly beloved, from the poet or a fragmented version of the self? Comprising Şenocak's two volumes of Turkish-language poetry—*First Light* and *Shore and Shells (Kıyı ve Kabuklar*, 2018)—the poems translated here unravel in similar ways. Transcending physical, cultural, and linguistic boundaries, the voices and subjects of these poems break open pre-established categories of identity to confound the distinction between self and other.

While dreamlike and surreal, the poems of *First Light* also speak to the very concrete themes of Şenocak's larger literary œuvre: Having migrated from Turkey to West Germany as a child in 1970, Şenocak grapples in his novels, essays, and op-ed articles with questions of migration, diaspora, and belonging in an increasingly diverse society. His collected writings likewise attest to a long and complex history of literary and cultural exchange between Germany and Turkey that predates the postwar era, during which millions of Turks migrated to Germany as political exiles and so-called guest workers.

While Şenocak wrote primarily in German in his early career, he has published increasingly in Turkish in the 21st century. *First Light* and *Shore and Shells* follow the publication of four Turkish-language novels in the early 2000s. Together, these works engage more explicitly with Turkish history to challenge ethnolinguistic definitions of Turkishness in the present. In the pared-down language of poetry, Şenocak explores this idea from the inside out through a focus on the paradoxical nature of the self and its relationship to the world around:

> Take your color and mix it with mine
> Green's yellow, purple's black
> Your breath is in my silence
> Just as your tongue will tell
> The unknown
> Tell you to me

As fluid as colors on a palette, "you" and "I" represent intertwined life forces capable of both mixing and separating in unexpected ways. In other poems, such entanglement of self and other allows for the impossible: "I caught a chill, pulled on your shadow / And lit the morning light to see you / The fire spilled into my hands and extinguished on your tongue." The visceral quality of this shared physical experience does not simply defy reality, but gestures toward new ways of engaging with others, the world, and the entire cosmos.

As the linking of hands to tongue in these lines suggest, such engagement is deeply grounded in a bodily experience of language. "*At the end of every season,*" for example, depicts a tactile language as "A story growing / On silent but full lips." Demanding to be touched, this story reveals language to be an extension of the body, upholding Şenocak's own assertion that language constitutes an additional sense organ.[1] Overall, the poems gathered here address the full range of sensory experience, linking questions of language and expression to sight, sound, taste, and touch. The result is a highly sensual exploration of what it means to feel in and through language.

This corporeal quality of Şenocak's language is underscored through his use of Turkish idioms and polysemic words that refer to the body.

---

1. Zafer Şenocak, "Zwischen den Büchern," in *Das Land hinter den Buchstaben: Deutschland und der Islam im Umbruch* (Berlin: Babel, 2006), 211.

The result is a highly idiomatic yet layered Turkish replete with double meanings. Whenever possible, I have chosen multivalent English words to capture this aspect of the poems in my translations: "While your tongue became entangled in other tongues / You were split at the mouth," for example, captures the polysemy of *dil*, meaning both tongue and language. It forms a concrete image of two tongues intertwining in a kiss and a more metaphoric reference to linguistic promiscuity that causes a deep bodily rift. At times, English provides different yet equally provocative idioms from the Turkish, such as a poem in which a figure literally falls from the "hands" of the clock, which is rendered as "arms" in Turkish (*saatin kolları*). In other instances, when polysemic references are not available in English, I have opted to build in bodily references. Whereas the double meanings of *burun* as both nose and promontory are difficult to capture in the depiction of Asia Minor, the Aegean may more readily be described as an arm reaching up between Greece and Turkey.

Within the highly sensual world of Şenocak's poems, bodies often transcend their own physical limitations. In the final lines of "*Coffee ground fortunes spilled onto paper*," for example, the lyrical addressee descends from the heavens and spills onto paper. As this figure's implied body transforms into coffee grounds, it wrinkles the paper and alters the very grounds of writing. The poem thus does not simply write its subject into existence; the living, breathing, and transforming body of a lyrical "you" rather holds the power to transform the images and language of the poem itself.

Such power comes to the fore in "*Come—follow me*," in which the body of the lyrical addressee exercises a gravitational force, pulling objects out of joint as it walks through the room. "You" thus takes on the characteristics of a celestial body, whereas the sun is anthropomorphized in the poem's final lines with a "broken finger" rather than rays of light. As "you" extends to the cosmos, the relationship of self to other in this poem gestures beyond an interhuman relationship toward the experience of perceiving one's own role in the greater universe.

The fluidity of you, I, and the world in Şenocak's poems is enhanced by the lack of gender in Turkish. With the single pronoun *o* meaning he, she, and it, we are free to imagine Şenocak's subjects as any gender and at times as objects or natural forces. In some instances, I have slightly altered the poems in English to maintain this important ambiguity. In *"Gel dedi arkamdan gel" (Come he/she/it said follow me)*, for example, I utilized speech to avoid the need for a pronoun: *"Come—follow me."* I then rephrased the line "Onun sesi miydi çok kısık" (Was it his/her/its voice that was so low) as a question: "Whose voice was that, so low?" Free of gender, this voice could belong to the wind, an implied lover, the lyrical I, or all three figures, who may very well be one and the same.

In other instances, where the verbal construction in Turkish demands a pronoun in English, I shifted the emphasis slightly: "Bu bahçe bize kimden kalmış / Hiç öğrenemedik / Vardır onun da yurdunu yitirmiş bir sahibi / Biz onunla hiç karşılaşmadık" (From whom was this garden left to us / We never found out / *It* too, must have an owner who lost *his/her* homeland / We never encountered *him/her*). Across these lines in Turkish, *onun* refers to both the garden and its previous owner, linking the living subject once again to the world around. In my translation, I have elided the more active construction of losing one's homeland to avoid assigning gender: "We never discovered / Who left this garden behind / It, too, must have an owner with a lost homeland / Whom we never encountered." While "whom" logically refers back to the owner, its direct placement after homeland also creates new ambiguity in English that resonates with Şenocak's anthropomorphization of nature throughout the poems.

My more passive depiction of an owner with a "lost homeland" also aligns with Şenocak's poetic use of Turkish. While we are often taught to root out the passive voice from our writing in English, Şenocak exploits the passive to preserve ambiguity. Rather than ring out, *"The corner siren was heard,"* ears are not simply alert but "were opened" by an unknown subject; and in place of silence, "No words were left to be spoken." As a result, actions are rarely attributed to a single actor. This ambiguity is central to the poetic universe of *First Light*, where poems remain untitled and only sparsely punctuated, where actions and reactions often occur out of order, and where time often stretches into the future or a dreamlike state.

Şenocak's creative use of line functions similarly, with phrases that reach both backward and forward depending on emphasis, as in the poem "Apollo said":

> I have become my own propeller
> Don't extinguish my flame
> Before the wind inside of you has ceased
> Perhaps you will reach love's secret

A more natural ending in English might read "Perhaps you will reach love's secret / Before the wind inside of you has ceased," but preserving the original line order in translation here allows for multiple phrases to emerge, each with its own contradictions and paradoxes. Lines one and two form a phrase that confuses wind and fire; lines two and three raise the question of how a wind or breath that has ceased could ever extinguish a flame; lines three and four then connect wind and fire again through their subtle reference to the concept of burning in love in mystical Islam. Linking "you" and "I," the poem's final emphasis on love then places the very premise of an independently driven force into question. For what is independent selfhood in a world where self and other are fundamentally intertwined?

This poem's subtle emphasis on mystical Islam aligns with its earlier depiction of the lyrical "I" as existing "in all seven strata of the sky," which recalls the vastness and complexity of the universe in Islam. While allusions to the Koran, the life of Mohammed, and Islamic mysticism have always formed one part of Şenocak's poetic idiom, the poems in *First Light* present a more sustained engagement with these themes. Like all of Şenocak's writing, however, his interest in Islam remains deeply personal as it relates to his own life story. As elegantly addressed by Elizabeth Oehlkers Wright—whose translations of Şenocak's German-language poetry appeared as *Door Languages* with Zephyr Press in 2008—allusions to Islam are often so closely interwoven with Şenocak's personal mythology that it is difficult to distinguish between the two.[2] Far from presenting a shift in tone or content from his earlier work, *First Light* and *Shore and Shells* thus extend and intensify Şenocak's engagement with Islam in his German-language poetry.

In their move to Turkish, the poems collected here also extend Şenocak's prose work on the Turkish community in Germany. If, over a period of four decades, Şenocak has shown the myriad ways that Germanness has been shaped by the history of Turkish migration, his Turkish-language poetry forces us to contend in turn with the fissures of Turkishness. Like "Apollo said," which refers in its opening lines to the Greek gods Apollo and Dionysius, the poems collected here are highly syncretic in nature. They uncover connections between Islamic and Jewish mysticism, and they take inspiration from figures as diverse as Sheikh Bedreddin, Yunus Emre, Hermes—Greek god of thieves and travelers—and the beautiful Helen of Troy. With their deep examination of the self, these poems take on the complexities of contemporary Turkish identity through their exploration of the country's multilingual, multi-confessional, and multi-ethnic history. And yet these poems are by no means relegated to the past. In the multivalent universe of *First Light*, the Islamic call to prayer rings out in a garden adorned with crosses, the seas are multilingual, and memories are something to be made in the future.

—Kristin Dickinson

---

2. Elizabeth Oehlkers Wright, Introduction to *Door Languages* (Brookline: Zephyr Press, 2008), xx–xxi.

İLK IŞIK
FIRST LIGHT

Başına gelen ne geldi ne gelmedi
Onu ne duydun ne duymadın
Ne gördün ne görmedin
İçindeydi senin sesindi o
Hem de dışarıda bir yabancının sesi
O hem bir sesti hem de değildi
Sana varmıştı ve senden ayrılmıştı
O hem varandı hem de ayrılan
Ne duyuldu ne de sustu
Ne içeride ne dışarıda
Oydu seni bekleyen hem de beklemeyen
Sense ne ona eşlik edendin
Ne de uzağında duran
Tutuş şimdi ama yanma
Hiç olduğun yerde kal

That which befell you neither occurred nor didn't occur
You neither heard it nor didn't hear it
You neither saw it nor didn't see it
It was inside of you, it was *your* voice
But it was also outside, the voice of a stranger
It was both a voice and it wasn't
It reached you and departed from you
It was the one arriving and departing
It was neither heard nor was it silent
Neither within nor without
It was the one waiting and not waiting for you
As for you, you were neither the one accompanying it
Nor standing afar from it
Catch fire now, but don't burn
Remain where you are nothing

Taze boya kokuyor
Karşıya geçerken
Dizlerimizin arasında
Huzursuz akşam denizi

Herbirimizin kafasında aynı soru
Evimiz yerinde duruyor mu

Yeniye boyanan bahçeler
Yaşlanmıyor artık

Birazdan suda ampuller patlayacak
Işık tepelere doğru tırmanacak
O tepelere konan adlar
Batık bir kentten kalma

Suyun anadilidir eski Yunanca
Biz ama ne kadar susuz kalmışız

Şu bizim eski bahçeyi soran yok
Asılıp kalmış orada on iki kaftan
Kolları çarmıha gerilmiş

Akşam ezanından önce
Issız bahçe
Tıpkı şafak sökümünde olduğu gibi
Nefes alma niyetine
Okunuyor ezan
Son yemeğin tadına bakar gibi okunuyor dualar
Secdeye varmak ölümün unutulmuş bir biçimi

The smell of fresh paint
The restless night sea
Between our knees
While crossing over

The same question is on everyone's mind
Is our house still standing

The newly painted gardens
Are no longer growing old

Soon the lamps down by the water will burst
And the light will climb toward the hills
The names given to those hills
Are the remains of a sunken city

Ancient Greek is the water's mother tongue
Yet how long have we gone thirsty

No one is asking about this old garden of ours
With its twelve caftans hung up and forgotten
Their arms outstretched in the shape of a cross

The abandoned garden
Before the evening call to prayer
Intent on drawing breath
The call rings out
Just as at the break of dawn
And they pray as if tasting their last meal
Foreheads touching ground is the forgotten shape of death

Böyle bir akşama boyun eğiyor minareler
Aklımda deniz olmasa nereye varacak
Bu dar sokaklar

Bir nebzecik deniz
Bir geceliğine deniz
Suya atıyorum adımlarımı

Biz kadim Yunanlılar
İbranilerden de ilham aldık
Denizlerimiz çok dillidir
Ana dilimiz kölelerin dillerine karışmış
Cümle âlem karabasanlarımızı bilir
Ama biz düşlerimizde hatırlarız
Piçlerin mutlu çocukluğunu

The minarets submit to a night like this
Where would these narrow streets end
If it weren't for the sea
On my mind

A sprinkling of sea
A one-night sea
I step into the water

We ancient Greeks
Also received inspiration from the Hebrews
Our seas are multilingual
Our mother tongue has mixed with those of slaves
All the world knows our nightmares
But we recall the happiness of a bastard's childhood
In our dreams

Yanımızdan geçerken telaşlıydı
Belli ki uzaklardan geliyordu geç kalmıştı
Nefesimizden verdik ona usulca
Rahatlasın biraz zaman kazansın diye

Bahçeye girdi
Çiçeklerde çalıda çimende
Ne kadar hatıra varsa topladı
Dikenli çalılar kim bilir ne kadar direnmiştir
Yara bere içinde bırakmışlardı anılarımızı
Aklımıza bile gelmeyecekti buraya uğramak
O telaşlı kişi olmasa

Onunla karşılaşmadan az önce
Anılarımıza düşen bir gölgeydi
Bu bahçede bir ömür harcamış
Tanış çıkmamıştı kimseyle
Yitirilenin özlemi olmasa
Nasıl kavuşurduk ona

He was anxious as he passed us by
Having come from afar he was clearly running late
Gently, we gave him some of our breath
So he might relax, buy some time

He entered the garden
And gathered up whatever memories
Were in the flowers, the shrubs, the grass
Who knows how much those thorny shrubs resisted
They left our recollections bruised and broken
It would never have occurred to us to come over here
If not for that anxious person

Just before we met him
He was a shadow cast over our memories
He had spent a lifetime in this garden
Without making a single acquaintance
If not for the longing for the lost
How would we have reached him?

Geldin
Bekleyenlerin arasındasın
Sabah üstüne aldığın örtünün altında
Seninle beraber uyanacak biri var mı
Beklemek hazların en suskunu
Bekleyenlerin arasındasın
Geldin
Kalbinin üstüne bir kafesin gölgesi düştü
Her kuşun bir hikayesi varmış eskilerde
Sen kafesin boşluğunu yerleştirdin kalbine
O kadar özgürsün o kadar bir başına
Buradan nasıl çıkılır
Bir bekleyenin kalmadı
Kuş nereye uçacak
Neler geldi başına
Taşıdığı zarfın yırtılmasıyla
Sen de sustun
Upuzun bir masada
Söylenecek söz kalmadı

You came
You are among those waiting
Is there someone who will awaken with you
Beneath the covers you received this morning?
Waiting is the most silent of pleasures
You are among those waiting
You came
The shadow of a cage fell over your heart
Every bird had a story back then
You placed the emptiness of the cage into your heart
That's how free you are—how alone
Is there no way out of here?
There is no one left waiting for you
Where will the bird fly?
What has befallen it?
As the envelope it was carrying tore
You too fell silent
And at a long table
No words were left to be spoken

Dolambaçlı bir gezintinin sonunda
Vardın otel odasına
Bunalımsız bir dokunun beyaz kentindesin
Zamanın yamacında güneşle aynı anda batmak üzeresin
Aynı anda doğmak üzere ayla
Biten bir yolculuğun en uzak parçasındasın
Ertelenen sonların bitiş sahnesinde
Hikâyenin devamını bekleyen insanların yaşlılığına
Yaşlıların çocukluğuna yetiştin
Beyaz kentin kurşun gibi ağır yıllarına
Uykunun zaman aşımına uğramasıyla
Nöbettesin
Beyazın gergin harflerle yazılışına alıştın
Artık
Ne harflerin sesleri
Ne de kentlerin beyazı
Seni üşütecek

At the end of a long and circuitous journey
You arrived at the hotel room
In the white city of a carefree texture
You are setting in the same moment as the sun on the edge of time
And you are on the verge of rising with the moon
You are on the farthest leg of a journey that is coming to a close
On the stage of completion of delayed endings
You have reached the old age of those waiting for the story to continue
And the childhood of the elders
You are on the lookout
For the years—heavy as lead—of that white city
While sleep passed its time
Having grown accustomed to writing
With the tense letters of whiteness
Neither the sounds of letters
Nor the whiteness of cities
Will chill you

Her mevsimin sonunda
Hüzünle ama özgürce
Dokunmalı sözcüklere
Suskun ama dolgun dudaklarda
Büyüyen bir hikâye

Bir yüzü bir bakışı yeniden yaratmalı
Sevişirken unutulan sözcükler gelir insanın aklına
Böyle sözcükler de mi vardı

Var ama yok kapalı ama açık
Bir kapının ardında bir avuç gökyüzü
Güneşin tozu kalkacak birazdan

Her mevsimin sonunda
Yeni bir dünya
Yeni bir güneş görünecek
Kapının aralığından

At the end of every season
You must sadly but freely
Touch the words
A story growing
On silent but full lips

You must create a face, a glance anew
Forgotten words come to mind while making love
Were there also those kinds of words?

Present but absent, open but closed
A handful of sky behind a door
The sun's dust will rise soon

At the end of every season
A new world
A new sun will appear
From the doorway

Usul usul kendi kendine
Bir sözcük ararken
Yaşadığın yeri keşfet
Her dönüşte içine kapandığın mekânın
Olduğu kadar oldu dedirten alışılagelmişliği
Dışarda yağmur mu var
Taşıran bir damla olmasın sığınağı
Az ötesinde dilini ve kemiğini saran
Duvarın ardında delidolu bir dünya
Apaçık harflere bürünmüş tafralı bir dil
Azalmak için alçalmaya gerek yok
Semaya açılan da bildiği şeyin içinde
Yok oluyor
Yaşayanlar için her şey
Azalmadan yok olmaktan ibaret değil mi
Hüzün gayrete dönüşmedikçe
Bahar gelmez
Söz sahibi görmek için
İçine göndermiş seni
Göz olmamak gibi bir seçeneğin yok
Bu duvarlara dayanacaksın
Kulağını dayadığın her köşe
Saklanılacak bir yer olmaktan çıkar
Göz altında olmamak gibi bir seçeneğin var mı
Susmak kendi kendine bakarken susmak

Discover the place where you live
While gently searching
For a word on your own
With every return
The familiarity of the place to which you've withdrawn
Compels you to say—it is what it is
Is it raining outside?
Let there be no drop overflowing the refuge
Just down there behind the wall
There is a reckless world
Wrapping itself around
Your tongue and your bones
An arrogant tongue wrapped openly in letters
There is no need to descend in order to diminish
As you expand to the firmament
You vanish inside what you already know
Isn't everything about vanishing without diminishing
For all beings?
Unless sadness transforms into effort
Spring will never come
The word's rightful owner
Sent you inside himself
To see
You have no choice but to be like an eye
You'll endure these walls
And every corner you press your ear against
Will no longer be a place to hide
Do you have a choice but to remain under surveillance?
To be silent
To be silent while looking at yourself

Aradığın ne içerde ne dışarda
Belleğinin kenarında
Su kıyısında oturan adam gibi
Su onun düşündüğünün resmidir
Tepesindeki salkımlar ise ressamın hayali
Belki saklanmak istemiyordu
Düşünme onu
Düşünmek acıtır suyun tenini

The thing you are searching for is neither inside nor out
It's on the edge of your memory
Like a man sitting at the water's edge
The water is the image he is thinking of
And the wisteria on the hilltops is the painter's dream
Perhaps he didn't want to hide
But don't think about that
Thinking will hurt the water's skin

Duvar diplerinden yürümüşsün
Güneşten sakınır gibi
Duvarın iki yüzü de korumaz oysa seni
Açık kalır hep bir yanın
Belki kendinden sakınmak istiyorsun
Kırılmaktan çekiniyorsun en ince bir yerinden
Teninde tenhada kalmış kalp atışların
Hiç duymamış ki bir yanın
Dilin dolaşırken başka dillerde
Ağzından bölünmüşsün
Bir kelimenin diğerine hayrı yok
Sağ elin sol ele hayrı yok
Bu duvarın taşlarında senin etin kemiğin var
En derine atılmış temeli
Sana sahip çıkacak bir taraf mı arıyorsun
Bir göz bir el bir ayak
Bunlardan her biri çift olmak ister
Ötekini özler hep
Bir gün elbette bu duvar yıkılacak
Sen ama ayakta kalacak mısın
Bir ses ver kendine yetişsin

You once walked at the base of the wall
As if avoiding the sun
But the wall's two faces won't protect you
One of your sides will always remain exposed
Maybe you want to avoid yourself
You're afraid of breaking at the finest point
Your heartbeats were left desolate on your skin
A side of yours that has never heard
While your tongue became entangled in other tongues
You were split at the mouth
One word had no use for another
The right hand no use for the left
Your flesh and bones are in the stones of this wall
In the depths of its foundation
Are you looking for a side that might protect you?
An eye, a hand, a foot
Each of those wants to be a pair
Longing for the other
One day this wall will certainly fall
But will you remain standing?
Give out a sound that it might reach you

Seninle hiç karşıdan karşıya geçmedik
Bir çay söylemiştik yıllar önce gelmedi
Elimle tutmaya çalıştım bahar havasını
Kokusu başıma kaldı
Kararsızlığı kuşların
Terk ettiği yuvasına dönüp bulamayan
Deniz bitti denize alışamadan
Karşıdan karşıya geçmiş oldum
Uyku bıraktım yatağına
Yakın bir zamanda
Senden bana bir nefes payı düşecek
Özlem tükenecek
Sen aynada uzağa bakarken

We never crossed over with you
The tea we ordered years ago never came
I tried to hold the spring air in my hands
But all I was left with was its scent
The indecisiveness of birds
The nest they abandoned and again couldn't find
The sea ran dry
Before I could get used to the sea
I found I'd crossed over
I left sleep in your bed
Soon I'll get a drop of your breath
And the yearning will run out
While you look into the distance in the mirror

Sireni duyuldu köşenin
Duvardan kalktı vapur
Sarı yeşile turunç maviye aktı
Pırpır kanatlılar havada
Öyle rastgele bir gün
Hiç hesapta yokken
Bir ömre değdi
Bir masa kuruldu sabah keyfi
Uzak kalan dostlar için
Böyle bir günde
Bulutsuz bir yaz sabahının özlemiyle
Hiç sormayın nerede kaldı toprağın filiz vermesi
Hiç sormayın üzerimizdeki gölge
Kir mi hüzün mü diye
Dal uçlarıyla ilgilenen olmaz
Kuşlar der ki
Biz kanatlanmasaydık
Dallar kırılmaz mıydı

The corner siren was heard
And the ferry departed from the wall
Yellow flowed into green, bronze into blue
Winged insects buzzing in the air
It was just a random day
But before we knew it
It was worth a lifetime
A table was set—morning joy
For far away friends
On that kind of a day
With the yearning of a cloudless summer morning
Don't ask why the earth was barren
Don't ask about the shadow above us
Was it filth or was it sorrow?
No one pays attention to the tips of branches
And the birds say:
If we hadn't taken wing
Would the branches not have broken?

Taşın günahını yüklendik
Geceye örtü serdik
Güneşe doğru

Bir taş salıver denize
Günahını unutsun
Gurbette

Taşı bağdan bağa taşıdık
Yemedik içmedik
Gözle doyduk

Canların içi cam
Duvarın şeffaflığı
Denize yansımış
Göründü diplerde
Unutulan
Karanlık

We shouldered the stone's sins
Spread a veil over the night
Toward the sun

Cast a stone into the sea
That it may forget its sins
In a foreign land

We carried the stone from vineyard to vineyard
Without eating or drinking
Feasting only with our eyes

The inside of a soul is like glass
The transparency of the wall
Reflecting off the sea
It was visible in the depths
The forgotten
Darkness

Kalbini üzme
Üzerini kaplayan toz
Seni yormasın
O tozdan ne yurt olur ne gurbet
Nicedir denedin
Su kenarlarına ev yapmayı
Akan bir ırmağı durdurabildin mi
Hazır mısın batan bir güneş gibi ayrılmaya
Dahası hazır mısın geri dönmeye
Hiç karanlık basmamış gibi
Yüceltme sözcüklerden kalkan tozu
Boğazındaki düğümler açılsın

Don't trouble your heart
May the dust surrounding it
Never tire you
Neither home nor homesickness will come of that dust
You've tried enough
To make a home at the water's edge
Were you able to halt a flowing river?
Are you prepared to depart like a setting sun?
What's more—are you ready to return
As if darkness had never fallen?
Don't exalt the dust rising from words
Let the knots in your throat open

Müneccimler keşfetmiş dünyamızı
Kalp atışlarımız duyuluyormuş uzaydan
Berrak bir gecede bütün gezegenler arasında
En parlağı en süslüsü dünyamız
Işık hızıyla birbirine kavuşan çiftler bilir bunu
Yıldızlar kavuşanlara göz kırpar
Upuzun bir sevişmedir aslında bir anlık yaratılış
Aşk ışıktan hızlı
Heyecanı bizim
Hesabı müneccimlerin
Kayıp defterlerinde saklı
Aşktan hızlı ışık yok
Defter kenarlarından evrene açılan küçücük sözcüklerle
Başıboş yeri belirsiz dolaşmanın keyfi bize bağışlandı
Bir de kitaplara sığmayan
Hiçbir hızın katedemediği
O hesapsız boşluk

The astrologers discovered our world
Our heartbeats were heard from outer space
On a clear night
Our earth is the most radiant and ornate of all the planets
Lovers rejoining at the speed of light know this
The stars wink at them
The moment of creation is one long act of lovemaking
Love is faster than light
The thrill is ours
But the astrologers' calculations are hidden
In their lost notebooks
No light is faster than love
We were granted the idle joy of aimless wandering
With tiny words opening to the universe from the corners
        of a notebook
No books can contain it
No speed can overcome it
That incalculable abyss

Taşındın yine bir avuç gökyüzü için
Yolun iki tarafı kollarından düştü
Kalbinde duraklar
Ağırmış yol kenarında beklemek
Sulara
Yağmur tanelerine
Akan her şeye imrenerek
Kim bilecek denize kavuşan ırmak kurur
Kurumuş bir deltaya benzer karanlıkta yön arayan el
Sen karadasın parmakların tuzda
Çocukluğun kadar uzakta deniz
Ellerin hüzne yetişmezdi o zaman
Şüphelisin varlığın için dönüştün gövdeye
Gövden doğruldu ırmağa bakarken
Akmaya başladı suyu hızlı hızlı
Teninde çelik ipeğe dönüştü
Durmadı karadan sızan su

You moved house again for a handful of sky
The path's two sides fell from your arms
The stations of your heart
It's difficult to wait by the wayside
In your envy of water
Drops of rain
And everything that flows
Who knows—even rivers that reach the sea might dry up
A hand trying to find its way in the dark resembles a dried-up delta
You're on land, your fingers covered in salt
The sea is as far away as your childhood
Your hands could never have reached the sorrow
Suspicious, you transformed into a body for your existence
Looking out at the river, you stood erect
As its water began to quickly flow
It turned into a steel thread on your skin
And water seeped from the earth without ceasing

Kâğıda dökülmüş kahve falı
Söz ve düş içiçe
Bir anlık hayal haytın içinde
Yayılırken upuzun gece
Ucundan sarkar
Akşam güneşinin
Kısa ipi

Bütün gün gökteydin
Göğün tamirhanesinde
Sözcüklerin safında
Harfleri birbirine yapıştırdın

Aşağı inerken
Kâğıda döküldün
Kâğıt buruştu

Coffee ground fortunes spilled onto paper
Word and dream intertwined
A momentary dream inside of life
As the long night expands
The short thread
Of the evening sun
Hangs from its edge

You were in the sky all day long
In the heavenly repair shop
Pasting letters together
Into words

While descending
You spilled on the paper
And it wrinkled

Bu ev kimin
Bir zamanlar birbirine sıkı sıkıya bağlı
Mahallenin evleri arasında tek kalmış
Odalar şimdi birbirine kapalı
Yerleştirmelisin bavulunu yatağın altına
Pencereden izlemeye koyulmalısın sokağı
Duvarlar upuzun taşlar büyümüş
Alışmalısın

Senin tek düşüncen
Sular akıyor mu
Lambalar yanıyor mu
Yoksa sokak lambalarına mı kaldın
Sokak karanlıksa yıldızlara

Whose house is this
Left standing alone in this neighborhood
Where the houses used to be so tightly joined
The rooms are now closed off to one another
You'll have to place your suitcase under the bed
Gaze down at the street from your window
The walls are so long, the stones have grown
You'll have to get used to it

Your only thought:
Is the water running?
Are the lamps burning?
Or are you reliant on the streetlamps?
And if the street is dark—on the stars?

Bir insan ömrü üç gün sürse
Herkese eşit üç gün
Burada geçirmek isterdin o üç günü
Öyleyse ne duruyorsun yerleş
Aç getirdiğin bavulu boş
Üç gün üç gece verdiler sana

Evi tamir etmelisin
Ev bahane su elektrik hepsi bahane
Burada her şey yerli yerinde
Belki biraz mahzun
Dokunulmadan uyuyakalmış ten gibi
Ama sen neden o kadar harap bir yer bekliyordun
Bakımsız kalan ev değil anıların

If a lifetime were to last three days
And everyone had an equal three days
You would have wanted to spend those three days here
If that's the case, what are you waiting for, settle in
Open the suitcase you brought empty
Three days and three nights, that's all they gave you

You'll have to repair the house
But the house is an excuse
Water, electricity—all excuses
Even if it's a little forlorn
Everything is in its proper place
Like skin that fell asleep before it had been touched
But why were you expecting something in ruins?
It's not the house that's in a state of neglect, but your memories

Bir parça geç kaldım
Senden gelen haber
Sabırsızlanmış olabilir
Benim sabırsızlığım da hesaba katılırsa
Bir telaş aldı götürdü beni
Ya sesimin içindeki sese geç kaldıysam
Ben varana kadar silinip yok olursa
Telefon boşa çalıp durduysa
Bizi çepeçevre saran tüm aygıtlar
Kıs kıs güldüler halime
Haberleşmek artık o kadar kolay ki
Dünyaya gelir gelmez başlıyor insan sözleşmeye
Gece gündüz gidip geliyor mesajlar
Hiç kaybolmadan
İmkânsız artık yaşam boyunca bırakılan izlerin silinmesi
Peki biriken tüm bu izler arasında
Akılda kalmaya değer olan hangisi
Aygıtların bellekleri yarış halinde birbirleriyle
Büyük bellek yutuyor küçük belleği
Daraldıkça yeryüzü dolup taşıyor büyütüyor çapını

I was running a bit late
The message I received from you
May have grown impatient
And if my impatience is also taken into account
I was swept away in excitement
What if I am late to the voice inside my voice?
What if it vanishes before I arrive?
What if the phone just keeps ringing and ringing?
All of these devices surrounding us
Just laugh at my condition
It's that easy to communicate these days
The minute we enter this world, we begin making promises
Night and day, the messages come and go
Without ever getting lost
And the traces we leave over the course of a lifetime
It's impossible to erase them anymore
Among all of these traces that have accrued
Which ones are worth remembering?
The memories of devices battle one another
Bigger memories swallowing smaller ones
And as the earth contracts, it overflows and enlarges its diameter

Bir hayvan girdi aramıza iki renk
Turuncu
Mor
Kulağı sende
Ağzı bende
Bir gözü uykuda
Ötekisi sürekli
Senin üzerinde
Turuncusu senin
Moru benim
Bir hayvan girdi aramıza
Nereden geldi nasıl oldu
Kimseye vermemiştik müşterek adresimizi
Yoldan geçerken bizi görmüş olmalı
Bir hayvan girdi aramıza
Hiç kalkmayacakmış gibi ağır
Uyurken
Yer değiştirelim
Kulağı bende
Ağzı sende olsun
Moru senin
Turuncusu benim
Uyandığında seni görsün benim için

A two-toned animal came between us
Orange
Purple
You had the ear
And I had the mouth
One eye was sleeping
The other was always on you
The orange was yours
The purple was mine
An animal came between us
Where did it come from? How did it happen?
We never gave our shared address to anyone
It must have seen us while passing by
An animal came between us
So heavy it might never rise again
Let's trade places
While it's sleeping
Let me have the ear
And you can have the mouth
The purple can be yours
The orange mine
Then it might mistake you for me
When it awakens

Bil bakalım başka ne oldu bu gece
Masalar az buçuk güneşliydi
Dışarıda oturuldu deme
İnanan olmaz
Bizim bahçede gece yarısı
Hayal gerçeğin en gerçek parçası
İnanmadan olmaz
Denize uzak bir kentte
Denize uzun uzun bakmadan olmaz
Toplanmış ağaçlardan yemişler yapraklar
İnce boyunlu upuzun lambaların koynuna uzanmış ağaçlar
Bir dal yapraklarıyla uyuyakalmış masanın üzerinde

Guess what else happened this night
The tables were bathed in partial sunlight
But don't say anyone was sitting outside
No one would believe it
At midnight in our garden
Dream is the truest part of truth
You have to believe it
In a city so far from the sea
It's not possible to go without gazing at the sea
Nuts and leaves were gathered from the trees
Trees reached to the bosom of those long lanterns with their
        slender necks
And a branch fell asleep with its leaves on the table

Babamın büyüttüğü ağaçların gölgesinde
Kesilmiş bir ağacın köküne rastladım
Bu bahçe bize kimden kalmış
Hiç öğrenemedik
Vardır onun da yurdunu yitirmiş bir sahibi
Biz onunla hiç karşılaşmadık

Bahçenin ucuna kadar yürüdüm
O kesilmiş ağacın dallarında unutulmuş
Meyveleri topladım
Sözcükler seçtim kendime göre
Babamdan işitmiştim onları belki
Bir zamanlar ağır gelmişlerdi
Yavaştılar yaşlıydılar
Yazıldılar yemyeşil oldular
Bahar geldi olgunluklarına

Babamın hikayesi
Beni çocukluğuma götürüyor
El değiştiren hatıralar
Zamanı genişletiyor
Geriye gittikçe kararan görüntüler
Bembeyaz bir sabah ışığına bürünüyor
Güneş daha doğmamış
Ama her yer aydınlık sanki

Bir yaz sabahı kendime geldim
Çıkmazın sonunda
Buraya varamadan hayatı terk edenleri düşündüm

In the shadow of the trees my father grew
I came across the root of a felled tree
We never discovered
Who left this garden behind
It, too, must have an owner with a lost homeland
Whom we never encountered

I walked to the edge of the garden
And gathered forgotten fruit
From the branches of that felled tree
I chose words of my own
Perhaps I had heard them from my father
Slow and elderly
They had once been too difficult
But written down, they became as green as grass
And spring arrived at their ripeness

My father's story
Brings me back to my childhood
Memories changing hands
Expand time
Images that darken the further back they go
Wrap themselves in the white light of morning
The sun has yet to rise
But every corner appears illuminated

One summer morning I came to
At a dead end
I thought of those who had passed away before arriving here

Babamın hatıralarını yazdım
Dönüp dolaşıp anlatıp yazmadıklarını
Kurumuş bir ağacın dallarına yükledim meyveleri
Gelecekte hatırlayan biri olursa

I recorded the memories of my father
Those stories he told over time but never wrote down
I placed fruit on the branches of a dried-up tree
For someone in the future to recall

Çocukken gemilerde saklanırdım
Dünyayı dolaşmak için
Büyüdüm
Dünya küçüldü
Gemilerim denizlere sığmaz oldu

As a child I hid in ships
To travel the world
I grew up
The world shrank
And my ships could no longer fit on the seas

Başucunda göl
Üzerinde kanatlar
Su ve uyku yanyana

Az ötedeki çınar
Ağaçların eli açığı

Sırtını vermiş ona
Düşüne giren biri

Gerçek ve hayal yanyana

The lake at your bedside
Wings overhead
Water and sleep side by side

The sycamore ahead
The most generous of trees

Someone entering your dream
Has leaned on it

Reality and dream side by side

Kentte gezerken
Bir çift gördüm bu akşam
Adam benim yaşlarda
Kadın da senin

Ne kadar yakışmışlardı birbirlerine
Oturmuşlardı kocaman bir bavulun üzerine
Belli ki evlerinden uzaktılar
Bir de çocuk vardı yanlarında
Etraflarında fır dönen

Kendimi adamın yerine koydum
Bir de çocuğun
Senin etrafında döndüm
Koskocaman adam oldum
Koluna girip dolaşabileceğin mutlu bir adam

Evlerden sıkılmış olabilir
Hava almak için
Yerini yurdunu terk etmiş
Seninle kolkola gezebilmek için dünyayı

Bu gece her an bu kentten ayrılabilir
Bir başkadır heyecanı gece yapılan yolculukların
Gün ağarırken varılır belki bir sınır kapısına
Oradan ötesi saklı kalır

Wandering through the city
I saw a couple this evening
The man was my age
The woman yours

What a match they were
Sitting on a huge suitcase
Clearly far from home
And there was a child at their side
Hovering around them

I imagined myself in the man's shoes
And then the child's
Hovering around you
I became a grown man
A happy man, who could link arms and go for a walk with you

Perhaps he had become tired of houses
And left everything behind
To get a breath of fresh air
To travel the world with you arm in arm

He could leave this city at any moment tonight
That special thrill of night travels
And at dawn he might reach a border crossing
Beyond which everything remains hidden

Apollon dedi ki
Dionysos aşkı benden çaldı
Dionysos bir de şairler
Hiç kıskanmadım onları
Ben ölçmüştüm mutluluğun rüzgârını
Üflemiştim canlara söylenecek son sözü
Ama onlar isyankâr
Karmaşık sözler peşinde

Biliyorum yetmeyecek nefesleri
Yolda kalacaklar
Gidecek bir yer bırakmadım onlara
Gidecek bir yeri olmayan
Geri de dönemez

Beni taşlara gömdüler
Ama ben göğün yedi katında da varım
Aşktır benim mekânım
Bazen bir limon ağacının çiçeğinde açarım
Güzel kokular sürerim baş döndüren

Ey benden sonrakiler
Diyelim ki hiç koklamadınız
Hiç bağlamadınız kendinizi kadim bir ağacın dallarına
Kalbimin sarkacı hiç mi değmedi size
Ben kendime pervâne olmuşum
Söndürmeyin ateşimi
İçinizdeki rüzgâr dinmeden
Belki gizemine varırsınız aşkın

Apollo said
Dionysius stole love from me
Dionysius and the poets
I was never jealous of them
I measured the wind of happiness
And blew the last word left to say toward the souls
But they were rebels
In search of tanglesome words

I know their breath will not suffice
And they will be stranded
I didn't leave them anywhere to go
And those with nowhere to go
Can also never return

They buried me under stones
But I exist in all seven strata of the sky
Love is my abode
Sometimes I unfold in the flower of a lemon tree
And put on a fragrance so beautiful it turns heads

Oh, generations to come!
What if you never breathed it in?
Never bound yourself to the branches of an ancient tree?
Have the fluctuations of my heart never reached you?
I have become my own propeller
Don't extinguish my flame
Before the wind inside of you has ceased
Perhaps you will reach love's secret

Ne sabır ama!
            duvara yapışmış

Ne cüret!
            gelen geçene karşı

Yeşil böcek
            çamda hayata uyanmış

Görünmezliğiyle yaşlanmış
Ya sabır!
            duvarın geçilmezliği
Aşınmış bütün canların dirildiği
Bir sıçrayışta
            deniz var
Ama çekirge kendi yeşilinden hoşnut
Bir sıçrayışta
            ormana gidebilmeli

Şu duvar olmasa
            ormanla onun arasında
Sonsuzluğa hazırlanır gibi
            duyarsız bir bekleyiş

Mısır'da peygamberler zamanında
Dehşet saçan o ünlü sülale
Bu hale mi gelecekti

Söyleyin kâhinler
Ne oldu da içimize bu garip rehavet çöktü
Gece duvarda soluk alıp veren

What patience!
      glued to the wall

What audacity!
      in the face of passersby

The green bug
      Awoke to life on the pine tree

It grew old with invisibility
Oh patience!
      the impassability of walls
Where all the worn-down beings come back to life
In a leap
      There is sea
But the grasshopper is content with his own greenness
A single leap
      Could bring him into the woods

If it weren't for this wall
      Between himself and the woods
As if preparing for eternity
      A senseless waiting

Would that famous dynasty spreading terror
During the time of the prophets in Egypt
Have been reduced to this state?

Let the soothsayers explain
This lethargy that has come between us
While listening to couples

Çiftleri dinlerken
Düşlerde denizi aşıp Mısır'a varan tekne
Sallandı durdu çamdan doğan gövde
İçimizden biri kayboldu

Böyle bir şey
        duvarda kalakalmak
Kendi ağacından kopan meyveyi özlemek
Uçsuz bucaksız bir sahrayı örtmek için
        beyazlara bürünmek

Drawing breath at the wall
The boat soared beyond the sea to Egypt
In a dream
The trunk rising from the pine tree swayed to and fro
And one of us went missing

It's something like this
        To be dumbstruck at the wall
To yearn for the fruit plucked from your own tree
And wrap yourself in whiteness
        To conceal a vast wasteland

İşte öyle olacak
Bir gül giderayak görünecek
Dalından kopacak
Sen yoksun diye

Vazgeç gitmekten
Kal orada
Diken üstünde uyu

Olur ya bir gece üşürsen
Dizboyu karanlığın içinden
Seni örter gülün ters yüzü

Kimin harcıymış bahçelerde
Kapalı bir evin duvarlarına sarılmak

Cennette nasıl uyanılırsa düşten
İşte öyle olacak

This is how it will be
A rose will appear at the last moment
And break from its stem
Because you will be absent

Give up on leaving
Stay there
Sleep on thorns and needles

And if perchance you catch a chill one evening
From within the knee-deep darkness
The backside of the rose will cover you

Who can bear embracing
The walls of a locked house in a garden?

Like awakening from a dream in heaven
That's how it will be

Hermes
Yolcuların tanrısı
Hem de hırsızların
Ne fark eder
Neyim varsa hep yollarda çaldırdım
Tüy kadar hafifim
Artık tadına varabilirim
Yola çıkmaların

Hermes
God of voyagers
And thieves
What's the difference
All that I own was stolen from me on a journey
Now that I'm light as a feather
I can revel
In the departures

Muammaydım
Bilinmek istedim
Güzeldim
Görünmek istedim
Tek kaldım
Yalnız kaldım
İçimdeki aşk makamını
Paylaşmak istedim
Uyurken
İşitir oldum
Karanlığa büründüm
Işık gibi göründüm
Bir parçamı verdim
Sığmadı evrene
Kudret bendeydi
Can bende
Ben olmak istemedim
Bir özleyenim
Var olsun istedim
Can yoldaşım
O bana kavuşunca
Ben bilinmiş olayım

I was a riddle
I wanted to be known
I was beautiful
I wanted to be seen
I was left alone
I was left lonely
I wanted to share
The state of love inside of me
I learned to hear
In my sleep
I was wrapped in darkness
I was luminescent
I gave away a part of myself
It didn't fit in the universe
Power was mine
Life mine
I didn't want to be an I
I wanted there to be someone
Yearning for me
My faithful companion
When you reach me
Let me be known

Ben çocukken
Evimize uğradı Bedrettin ve Yunus
Onlar söyler babam yazardı
Defterlerini ben saklardım babamın
Tam da kapımızın önünden geçerdi Nil nehri
Karşıdan karşıya geçmek için sözcüklere binilirdi

Bir gün uyandım ki
Bambaşka bir yerdeyim
Ne gelen var ne giden
Kanayan bir yara koca Nil
Defteri dürülmüş Bedrettin'in
Yunus'un mezarı meçhul

Sonunda bana kaldı
Pencereden Nil'e bakmak
Hayalini kurmak
Kayıp defterlerde kalan
Son nefeslerin

When I was a child
Bedreddin and Yunus visited our home
They spoke while my father wrote
I saved my father's notebooks
The Nile flowed right past our front door
And we would mount words to pass from shore to shore

One day I awoke
In a completely different place
Without visitors or passersby
The huge Nile was a bleeding wound
Bedreddin had turned his last page
And Yunus's grave was unknown

In the end it was up to me
To gaze at the Nile from my window
And imagine the last breaths
In those lost notebooks

O kişi bensem eğer özür dilerim
Mutlu geçen çocukluğumu kabullenemedim
Oyunlarla çok hızlı geçen günleri
Denizin tuzlu havasında sabah uykusunun tadına varmış olmayı
Beni coşturup nefes nefese bırakan zamanlarda
Sadece bana ait olanın hayalini sahiplendim
Ne arzu ne gerçek olan
Mahremiyetini koruyan bir hayal
Alıp götürdü beni evimden dışarı
Hatırlamıyorum uzun öğleden sonralarını
Özel günlerin sıkıntısını
Günbatımları karşısında geçirdiğim zamanlar için özür dilerim
Çocukluğumun yitik yüzü arkamda kaldı
Dilden dile tınısı değişti seslerin
Bir gün uyanırsam rengi uçuk maviden
Yağmurlu güz günlerini anımsatan
Gözlerimin hakkını verirdim güneyde ışıklı bir yerde
Çocukluğum benden daha uzun yaşasın
Hafızamdaki boşluklar alsın hatıraların yerini
O yarıda kalan yolculuklara yerleşeceğim
Ve uzun bir yola çıkmanın özlemiyle
Sözcüklerin ardına düşeceğim
Dünyayı dalgalarında barındıran radyonun köpüren sesinden
Damıttığım iksir
Biri bana gelip dese ki seni hatırlamıyorum
Nereden geldiğimi hangi izi kovaladığımı deşse
Vericisini kaybetmiş birine fazla gelir bunlar
O batan bir ada gibidir dalgaların ardındaki korkunç sessizliğiyle
Hangi izin nereye ait olduğunu kim bilebilir
Geleceğe bırakacağı kalıcı bir şey varsa o da
Her ölümden sonra devam eden sürgün

If that person is me I apologize
I could not come to terms with my joyful childhood
Days passed quickly in play
Or the sweet pleasure of morning sleep in that salty sea air
In those days when my excitement left me breathless
I only lay claim to dreams that belonged to me
Neither desiring or real
A dream protecting its intimacy
Swept me far away from home
I can't remember those long afternoons
Or the boredom of special days
I'm sorry for the time I spent caught up in sunsets
I left the missing face of my childhood behind
The voices' timbres change from tongue to tongue
If I awake one day from this pale blue color
Evoking rainy autumn days
I'd have given my eyes what they deserve in some bright place in the South
Let my childhood outlive me
Let the gaps in my memory take the place of recollections
I'm going to settle down in those half-finished travels
And pursue words
With the yearning of a long journey
The potion I mixed
With sounds bubbling forth from the radio
Whose waves harbor the whole world
If someone approached me and said *I don't remember you*
While dredging up my origins and the traces I'm chasing
It would be too much for someone who's lost their transmitter
Like a sinking island with its terrifying silence behind the waves
Who could know what trace belongs where
If there is something permanent we might leave to the future

Ardımda bıraktığım oyunlar
Gözyaşlarıyla ıslanan zeminde bitiveren yumurtalar
Oyunun galibi onları ardarda kıracak
Güneş ufuktan kayıp dökülene dek
Akşam aşı hazır olacak ve
Annenin mezarına götürecek üvey anne
Babanın gözünde yaş yok
Yeni bir oyunun kurgusu kafasında
Hep ölülerin başını bekledim
Öteki çocuklar gibi oyunlara sürülmedim
Yüzyılını ilan ettim çocukluğun
Biliyordum ki çocukluğum benden daha uzun yaşayacak
Şimdi imrenerek bakıyorsunuz bana
Kendilerinden mesul olmadığım tüm bu şeylere
Mutluluğumu süsleyen o doyurucu renkler için özür dilerim
Çalılıkları boyamıştım onlarla
Dikenli çalılar yeşermez oldu
Oysa ben onların diplerindeki zehri deşmek istemiştim
O görünmeyen filizlerdeki zehri
Kaç çocuk gördüm bu çalılıkları aşarken düşüp can veren
İlan ettiğim yüzyıla varamadan
Süremi uzattığım için onlardan özür dilerim
Kimseyi koruyamam çocukluğuma karşı
Tedirgin etmesin sizi dalların uçlarında asılı kalan mavi gözyaşları
Bugün çocukluğun yüzyılı tamamlandı
Tohumun toprağa düştüğü gün bugün
Rengin tenden soyulduğu gün
Küçük ve büyük kuşların cıvıltısı
Mavi bir yazıya döküldü

It is the exile that continues after every death
The games I left behind
The eggs sprouting on the ground, moistened by tears
One by one, the victor will crack them
Until the sun has spilled out and vanished from the horizon
Supper will be ready in the evening
And the stepmother will carry it to your mother's grave
Your father's eyes are dry
The rules of a new game on his mind
Always grieving the departed
I wasn't driven to games like the other children
I declared the century of childhood
I knew my childhood would outlive me
Now you look at me with envy
At all the things I was not responsible for
I'm sorry for those saturated colors adorning my happiness
I painted the shrubbery with them
And those thorny shrubs never leafed out again
But all I wanted was to dig out the poison from their roots
The poison in those invisible young shoots
How many children did I see fall and perish while climbing over
        those shrubs
Without ever arriving in the century I had declared
I apologize to them for prolonging my time here
I can't protect anyone from my childhood
Don't let blue tears hanging from branches' tips disquiet you
Today the century of childhood is complete
Today is the day the seed fell to earth
The day color was peeled from skin
The chirping of large and small birds
Poured into a blue text

Upuzun bir nehirden daha uzun
İşaret parmağım onun boyuyla uzadı
Ve çocukluğumu deniz ötesine taşıdı
Gel gör ki çocukluğun yüzyılı sadece bir gün
Oradan geçenlerin içinde kaybolduğu gül bahçesinden bir demet
Hayatımın son noktasını koyduğum kâğıt içine kapanıyor
Kimseden bir açıklama beklemeyin
Belki ilerde o başka bir yüzyılın çocuğuydu diyecekler
Onu istenmeyen çocuk ilan edecekler
Zaten mutluluk denen bir şey varsa
O da çocukluktan arındırılmış
Bir hayat değil mi

Longer than the longest river
My pointer finger stretched out with its length
And carried my childhood beyond the sea
But the century of childhood lasts only for a day
A bouquet from the rose garden in which the passersby get lost
And the paper on which I put an end to my life turns in on itself
But don't expect an explanation from anyone
They might say that's the child of another century up ahead
They'll proclaim the child unwelcome
If there is something called happiness
Is it not a life divorced from childhood?

KIYI VE KABUKLAR
Kuş ağız lokma hep toplanıp gittik

SHORE AND SHELLS
We gathered birds, mouths, and kernels as we went

İşte burunları denizin ucunda ama bana ters
Yürürken tökezleyip yerleşilen mekân bana ters

Bir sözcük seçer gibi seçtim dilin içinden hikâyemi
Uzadı uzadı upuzun bir hayat oldu bana ters

Seyir halinde bir yıldızın kuyruğuna nefes yetişmez
Göğsündeki pırıltılardan apaydın bir gece bana ters

Ah bu meşrebim! Arzu talan devrilmiş makam
Kot bir kot iki derken bir çatıda bulduk kendimizi

Teninde biraz keten azıcık pamuk bir yudum süt
Kendini bırak görünmeyen kanatlar seni tutacak

Hafif hafif sallanmak için kurulmuş rüzgârlı çatılar
Uykulu uykulu susup kalmışım uğultular bana ters

Ben tersinden sevdim hayatı
Silinip kaybolan anların tekrar tekrar yaşanmasını

Boş verdim zar zor nefes alıp vermeyi
Vakitsiz uyandım ay ışığı elimi çizdi

Tam göğsümün üzerinde iki gökyüzü bir pencere
Kuşlar ve lokma şu taptaze hava bana ters

Noses on the edge of the sea, they've turned their backs to me
Walking, they stumble and settle into their abode, with its back to me

I picked my story from within language as if picking a word
It grew and grew, became a long life with its back to me

Breath will never reach the tail of a traveling star
This bright night made up of the twinkling in its breast has its back to me

Oh spirit! Desire is plundered, the station turned upside down
Descending to the basement, we found ourselves on the roof

There's linen, cotton, and a sip of milk on your skin
Let yourself go—invisible wings will catch you

Windy rooftops built to swing lightly upon
And I became silent with sleepiness, the humming turned its back to me

I loved life backwards
Reliving moments gone without a trace

I gave up on barely breathing
And the moonlight scratched my hand at my untimely awakening

Two skies and a window right above my chest
Birds and kernels—and this spring-fresh air with its back to me

Gel dedi arkamdan gel
Perde dalgalandı sen büküldün
Gel dedi incinmeden gel
Rüzgar dedin ah işittin
Onun sesi miydi çok kısık
Gel gel dedi yanıma gel
Çalımlı çalımlı yürüdün
Çivisi çıkmış eşyanın
Koltuklarda bomboş yastıklar
Perdeyi araladın
Ağacın yerinde güneşin kesik parmağı

Come—follow me
The curtain fluttered and you folded into yourself
Come before you hurt yourself
Wind, you said, sigh, you heard
Whose voice was that, so low?
Come—come to my side
You were so attractive
Your walk pulled objects out of joint
Empty pillows on the chairs
You parted the curtains
And the sun's broken finger stood in place of the tree

Yaprak ağaca dil uzattı kopardılar
Susup sarardı iş rüzgâra kaldı

Solmak olup bitenden evvel
Yok tek'in en katıksız hali

İlk ve son belli bu âlemde
Seyrüsefer hali ise gaipte

Boyun uzamış dallanıp budaklanmışsın
Sormadan olmuş kendine yetişmişsin

Soluk soluğa yapraklar
İçlerinden ne sesler geçmekte

The leaf badmouthed the tree and they plucked it
It paled silently and the job was left to the wind

Withering before it even happened
Absence is the purest state of singularity

The beginning and end are certain in this world
But the journey's course is in the realm of the invisible

You've grown and branched out
Reached yourself effortlessly

The leaves are out of breath
Who knows what sounds are passing through them

Kalamar salatasına biraz tuz
Altta kalsın zeytinyağı ve limon
Pencere açık kalsın
Güneşin soyunduğu yer

Mutfağınızda
Çocuk şarkılarını yazdığınız
Kâğıt kalemle tek başına kalabilmek
Ürkmeden toprağa doğru uzanmak

Dışarıda bir fırtına
Toplanan siyah kalemler
Doğayı siz çizin
Gökyüzü çizmesin

Bir bardak suda dağın bayırın tadı var
Denizin tuzu dağların balı

Mutfaktasınız ama evinizde değilsiniz
Pencereler uzak memleketlerin yüzü
Açık kalsın ardına kadar

Kabuğu soyulmuş yemişlerin mutfağında
Birbirinize dokundunuz
Unutulmasın
Gün ışığında taşınmak için hazırlanan bavul

A little salt on the calamari salad
Let the lemon and olive oil sink to the bottom
Leave the window open
Where the sun disrobes

To be alone in your kitchen
With the pencil and paper
You wrote children's songs on
To stretch out toward the earth without fear

There's a storm outside
Black pencils gathering
Sketch the earth yourself
Don't leave it to the sky

The taste of mountain slopes in a glass of water
The sea's salt, the mountains' honey

You're in the kitchen but you're not at home
The windows are the face of distant homelands
Leave them open wide

You touched one another
In the kitchen of nuts with cracked shells
May the suitcase
Readied to move in broad daylight
Never be forgotten

Akşam kıpırdandı ışık yosun oldu
Denize bir ay parçası düştü
Kendi kendine kabaran coşup eriyen denizde
Bir kuş tüyü kadar hafif sallanmakta
Deniz suyun saydamlığından almış adını
Çalılıkların tuzu biberi havada
İz sürmekten yorulmuş dünyayı küçültmekle meşgulsun
Bu gece üstünü örten biri olmalı
Başına üşüşen yapraksız kaba dallarla seni dürtükleyen
Renksizsin gövdesizsin büyüyen bir aşk
Kıyıda dalgaların boyası pencerenin mavisinde
Gül renkli üzümler tatlı tatlı sulanan üzümler
Kapkara adamlar indi güneşten keten perdelere
Perdeler kıpırdandı bu gece bütün resimler yok olacak

The evening stirred—light became seaweed
A piece of the moon fell to the sea
Light as a feather, it swayed in the swell and froth of the waves
The sea took its name from the water's transparency
The salt and pepper of the bushes in the air
Tired of the chase, you are busy shrinking this world
Let there be someone to cover you tonight
Poking and pressing into you with bare coarse branches
A growing love—you are without body or color
And the color of the waves on the shore is in the blue of the windows
Sweet rose-colored grapes, sweet juicy grapes
Nightdark men descended from the sun onto linen curtains
And the curtains stirred—tonight all pictures will vanish

Kasaba

Town

Oturmadığım bir ev olsaydı
Orayı sana ayırırdım
Konuşmak bir buluşma biçimi olsaydı
Sözün bende saklı kalırdı

Sözler ve evler
Silik yol kenarları
Dinleyip dinleyip unuttuğumuz söylence
Ev fısıltısı
Benim sana dönüşüm
Senin bana bakışın
Bir sözcük olsaydı
Yol kenarında bir ağacın gölgesi

Uzun yoldan dönen ben miyim
Duvarlar mı

Evin soluğunda senin sesin
Bu ev de boş kalmış bu ev bizim
Yerleşmedikçe yeryüzünde her yer
Herkesin

Evlerin kıskançlığı
Bizi yurdumuzdan eden
Ellerin ayakların oburluğu
Kafanın içinde yiten bütün harfler
Silinen diller
Bir başlasalar söylenmeye
Duyulur dünyanın öbür ucundan
Yol kenarlarının boğuk sesleri

If there were a house I had never lived in
I would have saved it for you
If speaking were a way of meeting
I would have kept your words to myself

Words and houses
Worn out roadsides
The legend we kept listening to
And forgot
The whisperings of the house
My turning to you
Your looking at me
If there were a word
A tree's shadow on the side of the road

Am I the one returning from a long journey?
Or is it the walls?

Your voice is in the breath of this house
But this house is also empty—this house is ours
Unless you settle in, every place on earth
Is everyone's

The houses' jealousy
The greed of hands and feet
Displacing us
If all those letters vanishing into your head
Those forgotten languages
Begin to be pronounced
Then the hoarse voices of the roadsides
Will be heard from the other side of the world

Evler tertipli olmalıymış
Ya hayat bir tertipten ibaretse
Nereye varırsın yola düşmekle
Atına binmişsin yalnızlığın

Tommiks gibi bir çölün sahibisin
Beyaz adam gibi davransan ne olacak

Yeryüzünde senden daha beyaz
Bir kadın olacak hep arzuladığın
Doyumsuzluğa devşireceğin
At sırtında üşümekle geçecek gençliğin

The houses must have had an order
What if life also unfolds according to a plan?
Where will you arrive once you've set off?
You've mounted the horse of loneliness

Like Tommiks, you own the desert
What's the point of acting like a white man

There will be a woman whiter than you on this earth
Whom you will always desire
But never get your fill of
And your youth will pass shivering on the horse's back

O dilde serüven yazdım
Hikâye olmadı
Kendi dilim

Hayret
Ne kadar sessiz
Belkemiğim

Bedenim rüzgârın önünde
İçimde yaprak kımıldamıyor

Duru bir ses hiç yazılmadı
Dillerin arasından dil uçtu

On parmağımda on hayat
Ellerim sımsıcak
Avuç içleri ama boş

Kelle kafa olmadı
Yüzüme dokunmayın
Gözlerim gerçek
Gözü açık gitti desinler

Parmaklarımın gelgiti
Hayatlardan bir hayat beğensin kendine

I wrote an adventure in that language
But my own language
Never became a story

How silent
Is my backbone!

My body is in front of the wind
No leaves rustle inside of me

No pure voice was ever written
A language flew from inside the languages

Ten lives on my ten fingers
My hands are snug and warm
But my palms are empty

Failed thoughts
Don't touch my face
My eyes are real
Let them say I closed my eyes to this world in disappointment

Let the tides of my fingers
Be pleased with one life among many

Hoş geldin
Tekneni çevir yosunlara
Yaslansın bahçenin duvarına boydan boya
Yeşilin ortasındayım
Mavinin ortasındayım
Hoş geldin sarıçam kokusuna
Sığlayı örten börtü böcek dağına
Sarının ortasındayım
Turunç'un ortasında
Kızılı yoklamaya gel

Geceyle gündüz arasında
Denizin perdesi yırtıldı
Ben de evde
Yüzmeyi öğrendim
Suda erimemeyi
Yollara düşmeden beklemeyi

Kalbime yazılanları söktüm
Gel yanaş sen de içini dök
Soğuklardan ne getirdiysen
Kapıdan geçer geçmez erir

Bölünmüşlük boynumun borcu
Çift menşe' çift lakap çift yürek
Yarılmış acının yarasıyım tutuştur beni
Acının yüzüsün solarken güzelleşen
Gülümsedin alacakaranlıkta melez bir gün
Sabahı bırak erkenden yola çıkmaları
Gecenin çıkmazlarında yalnız bırakma beni

Welcome
Turn your boat toward the seaweed
Let it lean along the garden wall
I am surrounded by green
Surrounded by blue
Welcoming the smell of scotch pine
The mountain of bugs covering the sweetgum tree
I am surrounded by yellow
By orange
Come grasp the crimson

The sea's curtain ripped
Between night and day
And I learned how to swim at home
How to keep myself from melting into the water
How to wait without departing

I uprooted the writing on my heart
Come closer and unburden your heart, too
Whatever you've brought in from the cold
Will melt as it passes through the doorway

I am divided—this is my duty
Twin origins, twin names, twin hearts
I am the wound of a gaping pain—set me aflame
You are the face of pain, becoming more beautiful as you fade
You smiled in the twilight of a mixed-up day
Forget the morning, those early departures
Don't leave me alone in the dead ends of night

Küçük Asya'nın burnunda bir ışık
Tek başına yanar gibi
Denizin kolundan döküldü
Atika'nın yavruları
Avuç avuç su taşıdı
Saç uçlarına Güzel Helena'nın

Bir kent kuralım bu ışığa
Saç uçlarında yanık kokusu
Güzel Helena'nın

Bir kent dağı aşanlara
Havuz olsun
Kır olsun
Bağ olsun
Buradan kavaklara doğru
Uzayan denizin kolu
Asya'yı taşısın
Aslan yavrularına
Roma'da büyür ve uyurlar

Kavak yeliyle açılan yelken
Şişen tekneler
Burnundan düşmüş Küçük Asya'nın

Hiç uğraşmayın
Gücünüz yetmez denizi aşmaya

Bağ bozumunda
Çırağ yakıp kente girmiştiniz
Külünüz dökülürdü
Helena'nın saçlarından

A light on the tip of Asia Minor
As if burning all alone
Spilled from the sea's arm
The children of Attica
Carried water by the handful
To the tips of beautiful Helen's hair

Let's found a city for this light
The burnt smell of beautiful Helen's
Hair tips

Let the city for those who cross mountains
Have baths
Countryside
And vineyards
Let the sea's arm
Which stretches to the horizon
Carry Asia
To lion cubs
Who will grow and sleep in Rome

Sails blown by the chase for castles in the sky
Billowing boats
Have fallen from the tip of Asia Minor

Don't even try
Your strength will never surpass the sea

You've lit the torch and entered the city
During the grape harvest
Your ashes have fallen
From beautiful Helen's hair

Vaha

Oasis

Acı sırtından aktı nehir oldu
Yüzündeki dereler kurudu
Denizin ucunda bekledin durdun
Kupkuru acılar denizine sırt verdin

Erkendi
Yaşam kadar sabırsız olmalıydın
Erkendi
Acıyı yüklenmek için
Akıp gitsin içindeki duyarlılık dedin

Bir insanın açlığıyla denizlere açıldın
Denize kemik oldun

Avuç avuç harcadın sana verileni
Ellerin gözlerin belin harcamak için

Acıyı en koyu anında
Parmaklarından salıvermeseydin
Yaşam seni taşıyamazdı zamanın içinde
Sırt sırta verecek kimin vardı

Pain flowed from your back and became a river
The streams on your face dried up
You hovered by the edge of the sea
Dried up, you lent a hand to the sea of pain

It was early
You must have been as impatient as life
It was early
In order to shoulder the pain
You said the sensitivity inside of it must flow away

You sailed on with the hunger of a human
And became a bone for the sea

You spent your rations by the handful
To use up your hands, your eyes, your waist

If you had not let the pain slip through your fingers
In your darkest moment
Life could not have carried you inside of time
Who was there to have your back?

Denizle aranda kavuniçi perdeler
Güneş sığ akşam renklerinin gelgiti
Teninde soluklayan yüz bir yorgun çiçek
Adı neydi o çarçabuk sertleşen bitkinin
Kışı döve döve dışarı atan
Aklında kalmalıydı onun kısa hayatı
Toprağında saklı kalsın
Belleğinin en güzel günü

The pale orange curtains between you and the sea
The sun is the tide of the shallow evening colors
The face withering on your skin a tired flower
What was it called—the plant that hardened in a flash
That drove winter out violently
Its short life must have made a lasting impression
Let it remain hidden in the earth
Your memory's most beautiful day

Bir taşın üzerinde durmayı sana kim öğretecek
Her bir sözcük azıcık nefessiz
Dilin gölgesi kuru bir çalılık düşündeki
Kavrulmuş toprağın kimsesiz bitkisi

Yaşlılar toprağı ayırmaz gökyüzünden
Tanrıyı herhangi bir yaratıktan

Sessizlik saklanılacak kuytu bir yer
Güneşin sipsivri gözü kapanmış
Yapraklar tüylerine kadar pür dikkat

Susarak gölgelerle yaşamak istersin
Saçları birbirine dolanmış dağ kızlarının
Ormanına gir ve uyu

Diriltsinler sırtındaki kurumuş çalılığı
Göğüs göğse orman ve uyku

Who will teach you to perch on a stone
Every word slightly out of breath
The tongue's shadow is a lonely plant on scorched earth
In the mind's eye of a dry bush

The elders would never separate the earth from the sky
Or God from any living creature

Silence is a secluded place
The sun's sharp eye has closed
Leaves are as full of caution as their feathers

You want to live silently with the shadows
Enter the woods of the mountain girls with ruffled hair
And sleep

Let them revive the dried-up bush on your back
The forest and sleep—face to face

Meraklısına sorulur oradaki yeşil
Adı gerekmez kokusu yeter gizli kalışı
Yerin altdudağından uzayan kamışlar
Hangi evin sahibi

Elinde arazi yoksa hava da yoktur
Meraklısına sorulur adresin
Sokakmış şehirmiş fark etmez
Taşınmak farklılıktır

Mesafenin mucidi sensin
Ülkende bayır başları taşsız
Dağda ölenler için unufak taşlar

Gel gör ki meraklısı bilir
Konan göçen yatışmayan kumlar
Hangi yolda ne kadar kayıp vermiştir

Doğurganlığı başkasına ver
Kendi dişisini yaratabilen
Onun vadisinde bir karpuz deliğinden akar buz gibi su
Kumun içinde hangi uzvun işlerse onu üflersin kendi başına
Sen de oradasın yaşadığın bilinsin

Ask the curious one—the green over there
Doesn't even need a name
Its scent belies its secret presence
Reeds, protruding over the ground's lower lip
Which house belongs to them?

If you don't own the land you don't own the air
Ask the curious one for your address
Whether a street or a city—it doesn't matter
Moving is difference

You are the inventor of distance
In your country slopes are stone-free
Tiny stones, for those who have died on the mountain

Only the curious one knows
Just how much those sands—
That touch down, migrate, and refuse to settle—
Have lost en route

Give fertility to someone else
Who can create their own female
In their valley, water cold as ice flows from the opening
        of a watermelon
And if you blow on your own
Onto whichever member of yours is working in the sand
You'll be there, too
Let it be known that you are alive

Peşlerine düştüğün şairler vardı
Tozlu raflarda kitapları kalan
Onların arasında değildi Asaf Halet
Om mani padme hum yazmıyordu
Hiçbir kapakta

Söylenmemiş bir söz mü kalmıştı
Babadan kalma kâğıtta
Sarısı taze
Eskiliği harflerinden belli

Belki İran'da bulursun bu sabah yola çıkarsan
Akşama Hindistan'a varamazsın

Şiir en güzel yol yorgunluğu ile ezberlenir
Bir de yazacaksan
Mesafe olarak Hindistan bile yetmeyebilir

Kafada uydurulan semtler
Eski kıtaların mensupları
Onları eliyle koymuş gibi bulabilir
Nerede sende o sabır
Bir de yazacaksın tabii kim sana söz geçirebilir

Dünyanın her yerinde şarkılar senin olacak
Om mani padme hum
Tekrar tekrar basıldı
Aldın kaybettin muhtemel serseri birine verdin
Yolda mısralar boğazına takıldı
Belki bir ölüm nedeni veya
Yeniden doğuşu kadim bir dilin

There were poets you followed
Their books collecting dust on the shelf
Asaf Halet was not among them
The words *Om mani padme hum*
Weren't to be found on any cover

Is there a word left that has not been said
On the paper my father left
Its yellow still fresh
Its age apparent from the letters

Maybe you'll find it in Iran—if you set off this morning
You'll never reach India by nightfall

Poetry is best memorized with traveler's fatigue
And if you want to write
India may not even be far enough

Made up neighborhoods
Whoever belongs to ancient continents
Can find them so easily
If only you had that kind of patience
And of course you will write—who could stop you?

All over the world songs will be yours
Om mani padme hum
Printed over and over
You took it and lost is, likely gave it to a vagabond
And the verses stuck in your throat along the way
Maybe it was a cause of death or
An ancient language being reborn

Geçmişin gündüzüyle uğraşma
Gece yarısı sana yeter
Geceye kanayan bir güneşin yarısı

De ki: kız sen gelmelisin yanıma
Bana tozlu raflardan inecek bir dize lazım değil
Taptazesi senin dilinde

Don't bother with the everyday of the past
Midnight will suffice for you
Half a sun, bleeding for the night

Say: girl, you must come to my side
I don't need a line to come down to me from those dusty shelves
The freshest line is on your tongue

Bozyel çarşafına büründü
Çarşafın üstü gökyüzü
Uyuyan kelebeğin ölümünü hatırla
Kelebekler kendilerine yuva kuramayan
Kuşlar

Ertesi günü başka bir gezegende geçiren
Biz yeryüzü kaplumbağaları
Ne anlarız kelebeğin halinden
Kendini kuşlarla kandırma
Uykuda gökyüzünün kaç halini gördün
Bir kuşun daldan dala konması
İnsanlık geçmişinde yitirilen tüm yurtların
Toplamı

Kendini göçmen mi sandın
Yaraların sarıldı
Sımsıkı bağlandığın biri olmalı
Ertesi günü göreceksin

Evin bağın bahçen olacak
Bir sürahide su
Bütün küpler serin ve dolu

Kelebeklerin ışıkla oyunu
Kuşların kafeste ses vermesi
Seni yanıltmasın
Bir kuşun yuvasından
Oranın tek sahibiymiş gibi havalanması

The southwest wind wrapped itself in its sheet
The top of the sheet was the sky
Remember the sleeping butterfly's death
Butterflies are birds who can't build
Nests for themselves

What do we land tortoises
Who spend each day on a different planet
Know of the butterfly's mood?
Don't deceive yourself with birds
How many states of the sky have you seen in your sleep?
A bird's hopping from branch to branch
Is the sum total of all homelands
Lost in the history of humanity

Did you think you were a migrant?
Your wounds are bandaged
There must be someone you hold tightly
You'll see—in another day's time

You'll have a house, a vineyard, a garden
Water in a jug
All the earthenware jars will be cool and full

Don't be misled by the butterflies' play with light
The chirping of birds in cages
Or a bird's taking flight from its nest
As if it owns the place

Duvara çarpan gölgenden çıktın
Işıktan yontulmuş kehribar aç yolağızları

Düşme yollara bensiz gölgen uzamasın
Uzanılmaz mı yanına koydum kütüğümü

Başka bir gün başka bir mevsim olur
Açar yapraklarını gözün

Uyanmalısın duvar diplerinde
Uğursuzdur bahar uykusu

Kalıntılarında ayazın yürümüştük uzun uzun
İki gölge yan yana birbirimizden çıktık
Uçtan uca boyladığımız kentin ışıkları ürperdi
Her pencerede evini terk eden biri

Üşüyünce gölgeni giyindim
Seni görmek için yaktım sabahın ışığını

Elime döküldü ateş dilinde söndü
Oysa hiç konuşmasak küllerimiz rüzgârı dinlese
Bana şöyle demiş olabilirdin
Bağrımın kokusu bademlerde olur

You emerged from your shadow as it hit the wall
Light-sculpted amber, wide open crossroads

Don't set off without me don't let your shadow lengthen
Who wouldn't lie next to you I've set my trunk

On another day, in another season
Your eye will open its leaves

You'll have to awaken at the base of the wall
Spring sleep is ominous

We walked and walked in what remained of the icy wind
Two shadows, shoulder to shoulder, emerged from one another
And the lights of the city we had traversed from end to end trembled
In every window, someone who'd abandoned their home

I caught a chill, pulled on your shadow
And lit the morning light to see you

The fire spilled into my hands and extinguished on your tongue
But if we had never spoken and our ashes had listened to the wind
You could have told me
My breast would smell of almonds

Beni terk et beni gör
Yazılıp yazılıp silindi bize verilen gün
Biliyorum ki gün ışığında değilsin
Hep biraz karaltılarla haşır neşir
Beni gör akşamüstü
Gecenin bir parçası olalım
Özlemişim düz ve açık olmayanı
Rengini al bana kat
Yeşilin sarısını morun siyahını
Nefesin var sessizliğimde
Dilin anlatacak gibi
Bilinmeyeni
Bana seni
İçimi açıp açıp hedef gösteren
Engin uzaklığa
Nefesim yetmedi
Tek tek saymaya
Vurulan hedefleri
Uzak göründü bana en yakın yüzün
Garibiyim susup susup
Dökülmelerin
Beni tut
İçimde çırpınan balıkları
Kayalıklara ser
En uzağıma yetiş
Hiç kıpırdamadan
Hangi tarafında olacağız o nehrin
Suya değecek sonrakilerin ayakları

Abandon me, see me
The day granted to us was written and erased
I know you are not in the daylight
Always cheek by jowl with the shadows
See me at dusk
Let's become a piece of the night
How I've missed the non-straight and non-open
Take your color and mix it with mine
Green's yellow, purple's black
Your breath is in my silence
Just as your tongue will tell
The unknown
Tell you to me
My breath wasn't enough
To cover this vast distance
Which opens me up into a target
To count the targets struck
One by one
Your closest face seemed so far to me
I am estranged from the silence
Spilling over
Hold me
Spread the fish
Floundering inside of me
Across the cliffs
And catch my farthest distance
Without stirring
Which side of the river will we find ourselves on
The feet of the next generation will touch the water

İlk gün gövdemde ayakkabıların için yer buldum
Başımızın üzerinde uçuş biletleri
Otele geldik bavullar gidene dek oteldeyiz

Kahvaltı tabağına doldurdun güneşi
Karşımda bir fincan kahveye bakarak şehri seyrediyorsun
Pencere kenarına mesaisi biten kızlar sıralanmış
Camları uyutacak kadar yorgunlar

Ne kadar yakın göründü bize
Karşı kıyının yaşamları kumların altında
Bu sabah da erkeklerin tozu alındı
Denizin ucuna bir süpürge takıldı

Yastık boşluklarına kuracağız evimizi
Vücudun havaya kalktı gökyüzünde işin var
Senden sorulur renklerin karışımı
Bulutla kuşun muhabbeti

Elimi koydum masadaki örtü
Eteğin oldu yırtmaca doğru bir mavilik
Odaya çıksam iner misin gökyüzünden

On the first day I found space for your shoes in my body
The plane tickets above our heads
We arrived at the hotel—we'll stay until our luggage departs

You filled your breakfast plate with sun
You're watching the city while gazing at the cup of coffee across from me
As girls finished with their work line up at the edge of the window
They are tired enough to put the panes to sleep

How close they appeared to us
Lives of the opposite shore buried under sand
The boys were also dusted this morning
And a broom was caught on the edge of the sea

We're going to build our house in the space between the pillows
Your body has risen—you've work to do in the sky
You're responsible for blending the colors
For birds chattering with the clouds

I placed my hand on the tablecloth
It became your skirt with a slit of blue
If I go up to the room, will you descend from the sky?

Bir yaz geçti gece bitmedi
Boşalan şişelerin haddi hesabı yok
Elinde yarım kaldı kadeh
Kendi boşluğuna dökülen bir gece
Biraz daha koyu
Anıları hayata uydurma çabası

Azaba ve hazza verilen biçim
Tuzlu suskun dudaklara uygun
İşte bunu becerdim
Senin ters dönmüş pabucunu düzeltmeyi
Artık yola çıkabilirsin
İçimizden biri olabilirsin

Dünyanın en koyu gecesinde
Geri dönüşü olmayan bir karanlığa
Yakıştı bu evin sakinliği terk edilmişliği
Yakıştı dilden dile geçerken bölünen sözcük

Herkes ev yapmaz kendine
Yıktığım evin duvarlarına
Boy boy resimlerini astım
Sinema günlerimiz
Yepyeni bir ışık
Gecenin hakkını verecek
Işık sessizliğe boğulmadan
Sana bir resim çalayım
Gidecek bir yerimiz olur
Karanlıkta dahi

A summer passed but night hasn't ended
The emptied-out bottles know no end
The half-finished glass in your hand
A night pouring out its emptiness
Is a little darker
The effort of adjusting memories to life

The shape given to sorrow and joy
Is well-suited for salty and silent lips
At least I've managed
To straighten your overturned shoes
You can depart at last
You can become one of us

In the world's darkest night
The quiet abandonment of this house
And the word divided while wandering from tongue to tongue
Suits a darkness without return

Not everyone makes a home for themselves
I hung your pictures of all shapes and sizes
On the walls of the house I destroyed
Our cinema days
A brand new light
Will do justice to the night
Let me steal a picture for you
Before the light drowns in silence
So there will be a place for us to go
Even in the darkness

Şişelerin dibinde gecenin nefesi
Yarım kalmış elindeki kadeh
Elin yarım
Omzum yarım
Odadan odaya geçerken
Bölündüm
Dilimi kurtarayım derken
Duvarlar

Görkemli duvarlar
Bana bu evin bir terk edilmişlik
Abidesi olduğunu hatırlattı
Öylesine köhne bir duygu
Boşluğun en biçimli çözümü
Suskun dudaklara uygun
Ters dönen pabuçlara
Sana göre
Terk ettiğim evlerin en görkemlisi
Yalınayak uzaklara erişebileceğin
Bir konumda

Tut geceyi tut
Şafak sökmek üzere
Pabuçlarını bağla

Gecenin içinde ne kadar rahattın
Bu yaz geçsin gece bitmesin

Night's breath is at the bottom of the bottles
It's half-finished, the glass in your hand
Your hand is half
My shoulder is half
I was divided
While passing from room to room
And as I tried to save my tongue
Walls

Magnificent walls
Reminded me that this house
Was a monument of abandonment
And so, a worn-out feeling
Is the most appropriate solution for emptiness
Suitable for silent lips
For overturned shoes
According to you
The most magnificent of the houses I abandoned
Is at a faraway location
That you could reach barefoot

Hold on to the night, hold on
Dawn is breaking
Tie your shoes

Look how content you were in the night
Let this summer pass, let this night never end

Sesini duyar gibiyim
Uyumuşum
Adı yazılmış ben uyurken
Gözümü açtığımda okur muyum
Kendi adımı okuma korkusu
Yaşamın sonunda herkes kulağına sığınır
Nasıl duyduysa öyle olur

Bir yabancıdan dünyaya gelen sesler
Annemin sesine büründü
Sözlerin gökyüzü
Kasımın en taze günü
Baş başa kalındı
Ne varsa sesiyle vardı
Ses tellerinin titreşimi
Kalpteki ritim bozukluğu

Elini koy sesime usulca
Her şey düzelecek

Karşımda sen varsın karşımda
Görüntün her sabah aynı
Karanlığın içinde belli belirsiz
Geceleri beklediğim olur
Sabaha karşı uyuduğum

Karşında hep biri var bir başkası
Karşındakiler benim başka başka hallerim
Avunan halim
Öfkeli
Suskun

It's as if I can hear your voice
I've fallen asleep
And the name was written as I slept
Will I read it when I open my eyes?
The fear of reading my own name
At the end of life everyone will take refuge in their ear
Whatever they have heard, that's how it will be

Voices coming to earth from a stranger
Were wrapped in my mother's voice
The words' sky
The freshest of November days
Left face to face
Whatever exists, existed with a voice
Vibrating vocal chords
Irregular rhythms of the heart

Place your hand gently on my voice
And everything will be fine

Across from me, there you are across from me
You look the same every morning
Hardly visible in the darkness
Everything I wait for comes to pass at night
Everything I sleep for in the morning

There's always someone across from you, someone else
Those across from you are my different states
My distracted state
Angry
Silent

Acayip
Silueti bozuk
Kendi başına buyruk halim

Yetmez mi sabahın nobran kuşlarını
Kanatlandırmak
En yakın bayiden tütün ve kâğıt almak

Sorular karman çorman
Hesapsız kitapsız iştahsız
Kendi kendine konuşan kaş göz bacak arası

İştahın rengi kaçmışsa kabaran kahve sütüyle
O sabahtır uzun uzun bekleten
Bambaşka sabahları

Güneşi koluna tak ve yürü
Hiç unutma yeryüzündesin

Strange
A broken silhouette
A maverick

Is it not enough to force the crude birds of morning
To take flight?
To grab rolling paper and tobacco from the nearest kiosk?

Messy questions
Reckless and lustless
Making eyes, alone, below the belt

If appetite has lost its color with the frothing coffee milk
That's the morning making you wait so long
For completely different mornings

Link arms with the sun and go
Never forget that you are on earth

Taş taşa

Stone to Stone

Uykuda rengin neydi senin

Şiltede bir kadın bıraktım
Bir adam buldum

Sırtı buğday
Kızıla çalan göğüsü
Saçlarında

Birden gözüme güneş kaçtı
Uyanma böyle bir şey

Renkleri unutmak
Bir an için

Uykuda rengin neydi senin

What was your color in sleep?

I left a woman on the mattress
Found a man

Her back was wheat brown
Her breast verging on red
Under her hair

Suddenly the sun was in my eyes
Waking up is like that

To forget colors
For a moment

What was your color in sleep?

Saatin kollarından bir dakika için
Bir başkası düşse
Ayak ayağa dokunsa yol bitmeden
Göz göze

Eyvah tohum yüklü bir hava
Bir kuş sürüsü
Kadının çok üzerinden kaydı
Kadının ayağı

Elbette erkek de olacak bir yerlerde
Erkeğin eli
Ayak ayağa değdi
Yol bitmedi

Yola serpiştirdi taşlarını göz
Taş taşa değdikçe
Yol bitmedi
Eyvah avuç içi doldu

If someone would fall from the hands of the clock
Just for a minute
If foot would touch foot before journey's end
Eye touch eye

Alas the air is heavy with seeds
A swarm of birds
Slid over the woman many times
Over the woman's foot

Certainly a man will also be here somewhere
A man's hand
Foot touched foot
And the journey hasn't ended

As stone touched stone
The eye sprinkled its stones on the path
The journey hasn't ended
But alas, the palm is full

Uyandın dünya senin oldu

Yeryüzünden dalgınlıkla seçilmiş
Gidip gidip terk ettiğin
Kentlerden birinde
Uyandın

Yanağına gecenin beyazı akmış

Hiç sana göre değil bir günü tamamlamak
İçinden geçen upuzun bir kent

Hep özgürdün
Hiç özlemedin özgürlüğü

Daha mı kolay kendine yer seçmek
Çizimi tam bitmemiş haritalarda

Nehre ilk çıkışın
Nehir sana bakmadan konuşuyor

Günün sona kalan
En güzel parçası

İnsan omzu
Yol kenarından daha fazla uçurum

You awoke and the world was yours

You awoke
In one of those cities
That you had traversed and abandoned
Chosen from the earth at random

The whiteness of night had flowed onto your cheek

It doesn't suit you at all to finish a day
A long city passing through you

Always so free
You never missed that freedom

Is it easier to choose a place for yourself
On maps that are yet to be fully drawn?

Your first exit to the river
The river talks without even looking at you

The last remains of the day
Are its most beautiful part

A human shoulder is a cliff
Steeper than the roadside

Sabahları dünya o kadar hafif ki
Gözlerin açılınca daralıyor sokaklar

Çekip gidenlerin nefes borusu
Tıkanır gibi

Kendi başına kalabilmek
Avucundakilerle yetinmek

Gözlerini kapattığında gittiğin yerle birleştin
Duyduğunu gizlemedin sahibinden

Uyandın elin kolun uzadı
Parmaklarında dokunduğunun izi kalmış

Çok uzaktan biri geçti seni kıpırdattı
Koptu kopacak dünyadan daracık sokaklar

Sonra koskocaman bir gün
Zamana âşık
Bir ara takipsizlik kararı verilmiş

Neredesin
Güzelliğinin bilinmeyeni
Üstü çizilen kenar
Çıkıp gidenlerin açıp kapattığı

Görünmeyen kapının
Eşiğinde öpüşmüştük

The world is so light in the mornings
The streets narrow as you open your eyes

As if congesting
The windpipe of those passing by

To remain alone
And content yourself with the contents of your palm

You closed your eyes and became one with your destination
Didn't hide what you heard from the owner

With a stretch of your arm, you awoke
On your fingertips, the trace of everything you had touched

Far away, someone passing by caused you to stir
These narrow streets almost lost touch with the world

Later, a giant day
In love with time
At some point a nonsuit was declared

Where are you
Unknown beauty
The scratched edge
Opened and closed by those departing

We kissed in the threshold
Of an invisible door

Doğan güneş dünyanın kamburu
Kısacık boyu var gökyüzünün

Elinde ne varsa o kadar
Ezgiler kokular taksimden payına düşen

Sıradağlar su kaynakları
Su dili açar
Mı demişler

Söyle
Senin adın neydi

The rising sun is the world's hunchback
And the sky is so short

Whatever you have in your hand, that's all there is
Melodies and scents allotted to you from the partition

The mountain range and natural springs
Did they say
That water opens the tongue?

Tell me
What was your name?

Babam hiç cummings okumamıştı
Ama ters adamdı işte
Sözcükleri serpiştirirdi çorak tepelere

Harfler
Cummings'in çakıl taşları

O yol üstündeki adam mıydı babam
Her mevsim başka bir şapka takar
Yola çıkmamak için kaybeder
İnançlıysan yağmur damlalarına tapacaksın
Hiç dinmeyecek gözyaşın

Karşı yeşile sözcük yetiştirmekten bitkin
Benim yarım bile etmeyen dilim

Yetiş cummings
Yetiş ve düğümle
Benim o suskunluğumu
Babamın diline

Babam
Eski harflerle pespembe rüyalar mı görüyordu
Hiç cummings okumamıştı

My father never read cummings
But he was such a difficult man
Sprinkling words onto barren hilltops

The letters
Were cummings's pebbles

Was my father that man on the path?
Wearing a different hat for every season
Losing his hats to keep from leaving
If you're a believer, you'll worship drops of rain
Your tears will never cease

This less-than-half tongue of mine
Exhausted from raising words for the green over there

Rush, cummings
Come quickly and knot
My silence
To my father's tongue

Did my father
Have rose-pink dreams in those old letters?
He never did read cummings

Sarıldık birbirimize
Sar sarmala
Yeryüzündeysen yerlisin yakınsın
Sararmış bizi örten yaprak
Ellerin açılmış
Ellerinde yüzüm gölgem parmaklarım
Ürperdikçe açıldı bir yerimiz

İçimize çekildi ev
Artık ne pembe ne beyaz
Ellerin sımsıcak bahar gelene dek
Pencereler kimin
Gürültümüz pencerelerin

Sen anlatsan da inanmazdım
Donuk yüzler hep mahcuptur diye
Yaprakların sararması da öyle sanılsın

Çıplaklığımız en yalın halimiz
Bir kış sabahı
İç rahatlığı ile kurumuş yaprakları
Süpürdük üstümüzden

We embraced
Wrapped our arms around one another
If you're here on earth, you're so close you're a native
The leaf that covers us has yellowed
Your hands have opened
My face, my shadow, my fingers are in your hands
As we shivered, we were uncovered

The house withdrew inside of us
Neither pink nor white anymore
Your hands are warm until spring comes
Whose windows are those
Our noises are the windows'

Even if you had explained it, I would never have believed you
Dull faces are always ashamed
Let the yellowing of leaves be thought of in that way

Nakedness is our simplest state
One winter morning
We brushed the leaves dried with inner peace
From our bodies

Uyku cevherini buldu
Kulaklar açıldı
Çıt yok
Seslensen
Bahara çıkar mı sesin

Uykunun cevherine
Güneşin kirpiği kaçtı
Dünya uyurken
Gözler açılmalı

Bütün gözlere açıldı kapılar
Evlerde
Çıt yok

Yastıkların kokusu
Ellerin gölgesi
Bizi korudu

Eski giysiler
Nereye bırakılacak

Dünyaya niyetlendik
Dilimiz doğrulursa
Bir hikâyemiz de olur
Kulaklara açılan kapı

Görmeye niyetlendiysen
Bu mevsimde olur
Uykuda balık

Sleep found its essence
Ears were opened
But no sound was to be heard
If you were to call out
Would your voice reach the spring?

The sun's lashes
Fell into sleep's essence
All eyes must be opened
While the world sleeps

Doors were opened to all the eyes
And there was no sound
In the houses

The pillows' scent
And your hands' shadow
Protected us

Where will these old clothes
Be left?

We intended the world
If our tongues rise
Our story will also come to be
A door opening to ears

If your intention is to see
There may be fish in your sleep
This season

Toprağa ver sırtını
Ten ve toprak
Suyun harcı

Uyurken dünyaya geldin
Gözlerin açıldı

Lean into the earth
Skin and soil
Are the water's mortar

You were born asleep
And you began to see